AF224389

ÉTRENNES

A

NAPOLÉON BONAPARTE,

PAR LA GRACE DE DIEU, ET LE VŒU DU PEUPLE FRANÇAIS, *

PREMIER CONSUL A VIE

de la République de France.

PAR les Citoyens JOSSET et ADAM, demeurans à Paris,
rue Neuve Saint-Eustache, n°. 9.

POUR l'an de grâce, mil huit cent deux ;
DE la République de France , le onzième ;
ET du Consulat de Bonaparte , le quatrième ;

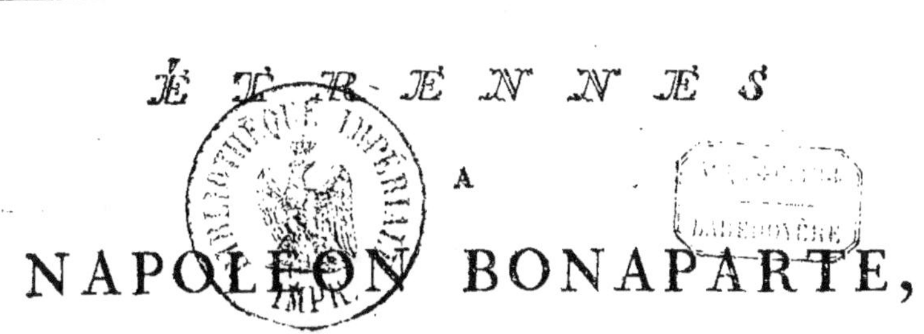

*Lapidem quem reprobaverunt œdificantes , hic factus est
in caput anguli.*

*A domino factum est istud , et est mirabile oculis
nostris.*

La pierre rejetée par les architectes , est devenue la
principale pierre de l'édifice !

Le Seigneur a opéré lui-même ce prodige si admirable à
nos yeux !

PSAL. 117. 22.

[illegible]

[illegible]

[illegible], [illegible]
[illegible]mpel, [illegible]sagne [illegible]

[illegible]

[illegible]

OFFRES

DES Citoyens LOUIS-JEAN JOSSET, Pensionnaire de l'Etat, et Membre du comité de bienfaisance de la division de Brutus, à Paris ;

ET PHILIPPE-BERNARD ADAM, aussi Pensionnaire de l'Etat, et Avocat au ci-devant Parlement de Paris ;

TOUS les deux demeurans à Paris, rue Neuve Saint-Eustache, n°. 9, division de Brutus.

AU

GÉNÉRAL BONAPARTE,

Premier Consul de la République de France.

DE donner, à deux sols ou dix centimes, la livre de pain, seize onces, première qualité, à perpétuité, même dans les années de stérilité, *non-seulement à Paris et dans tout le département de la Seine,* mais encore, dans tous les départemens de la république; sans demander d'argent au gouvernement pour cette opération ; et sans employer ni la force, ni la contrainte, ni aucune voie réquisitionnaire.

Ex ordine, copia.
Du bon ordre, découle l'abondance.

A PARIS,

AN ONZE (1802).

LES CITOYENS JOSSET ET ADAM,

AU GÉNÉRAL BONAPARTE,

Premier Consul de la République de France : SALUT.

Nullâ re propiùs homines ad Deos accedunt, quàm hominibus salutem dando.

Rien ne rapproche tant les hommes de la Divinité, que de procurer le bonheur de ses semblables.

CIC. *pro Ligar.*

GÉNÉRAL PREMIER CONSUL,

VOTRE GLOIRE, le bonheur du peuple français, dont la divine Providence vous a si heureusement confié le gouvernement pour sauver les déplorables restes de notre patrie, trop long-tems désolée par les fureurs de l'anarchie, la plus terrible qui ait jamais

Offres de la livre de pain, à deux sols, par les citoyens Josset et Adam, dans toute l'étendue de la République de France.

existé dans tous les fastes du genre humain depuis la création du monde : voilà nos deux seuls motifs dans les offres que nous avons l'honneur de vous présenter, de la livre de pain, seize onces, première qualité, à deux sols ou dix centimes, à perpétuité, même dans les années de stérilité, *non-seulement à Paris et dans tout le département de la Seine*, mais encore, dans tous les départemens de la république; sans demander d'argent au gouvernement pour cette opération; et sans employer ni la force , ni la contrainte, ni aucune voie réquisitionnaire.

Nous n'avons besoin que, *pour un moment*, de pouvoirs émanés de votre autorité suprême.

Outre l'abondance, universelle en tout genre, que produira nécessairement notre opération; elle empêchera , tous les ans, des sommes considérables de sortir du trésor public ; et elle y en fera *rentrer* d'autres non moins immenses, malgré l'insatiable cupidité, soit des gérans, soit des traitans.

Nous nous soumettons , pour cautionnement du plein succès de notre entreprise; à toute espèce de responsabilité personnelle qu'il vous plaira exiger.

Nous ne sommes point des intrigans : puisque nous ne demandons point d'argent au gouvernement pour notre opération, quelle que vaste qu'elle soit, et par l'étendue de son administration, et par le paiement du grand nombre d'employés nécessaires pour toute la république.

Nous sommes encore moins des faiseurs d'affaires: car nous pouvons dire avec confiance que nous avons de nous - mêmes une certaine expérience en cette partie par des fournitures considérables en grains et farines, que nous avons faites dans toute la France, les ans 3 et 4.

En l'an 3, le citoyen Adam (l'un de nous) était en correspondance avec le comité de Salut - Public pour les subsistances, que, sous ses ordres, il faisait distribuer abondamment par - tout. Une infinité de marchés et divers écrits qu'il a en mains , attestent cette vérité.

Le 27 brumaire an 4, le Directoire, qui succéda au comité de Salut - Public, desirant faire cesser complétement la famine factice du jour (comme celle d'aujourd'hui), passa avec le citoyen Adam, (sous le nom d'Adam-Dacosta,) un traité pardevant le citoyen Paulmier et son confrère, notaires, à Paris.

Ce traité, dont l'enregistrement seul a coûté cinquante mille francs, numéraire, eut le succès le plus complet. Adam n'avait demandé que trois mois pour mettre à fin toutes ses opérations; mais, en moins d'un mois, s'étant procuré plus de quatre millions de quintaux de grains et de farines, tant en conséquence de ce traité, qu'en vertu de pouvoirs particuliers qui lui furent donnés; il ramena, par ses opérations brusquées et multipliées simultanément sur tous les points de la république, la plus grande abondance au milieu de cette horrible famine, dont toutes les classes riches et indigentes ont ressenti, plus ou moins, les plus funestes effets.

Vous vous rappellez, GÉNÉRAL, qu'avant l'époque du 27 brumaire an 4, le gouvernement pouvait à peine procurer trois onces de pain par jour à chaque individu, et qu'encore tous les citoyens n'avaient pas ce triste avantage : de sorte que beaucoup de citoyens périrent misérablement de faim.

La preuve de l'exécution de ce traité par le citoyen Adam, se trouve consignée dans les archives du directoire et du conseil des cinq cents, dans les bureaux du ministre de l'intérieur, du ministre de la guerre, du ministre des finances, du ministre de la justice....

Aujourd'hui, GÉNÉRAL, nous Josset et Adam, toujours animés des mêmes sentimens, que dans les ans 3 et 4, et vivement pénétrés de la cherté, plus ou moins, progressive du pain, cette denrée de première nécessité, qui porte l'alarme et la consternation dans toutes les classes de la société, notamment, dans la classe indigente, infiniment précieuse et essentielle par son travail et son industrie; nous

nous

nous empressons, avec tout le zèle possible, de vous réitérer nos offres de la livre de pain, à deux sols.

Lorsque nous avons l'honneur de vous dire, GÉNÉRAL, que nous vous *réitérons* nos offres : c'est que, depuis plus de quinze mois, nous avons tenté en vain de vous les faire parvenir. Cependant, nous ne pouvons trop le répéter : les motifs de nos efforts pour pénétrer jusqu'à vous, prennent toute leur source dans l'amour de votre personne. A la vérité : le citoyen Chaptal, ministre de l'intérieur, a écrit à l'un de nous, le 17 thermidor an 9, pour lui demander le secret de nos opérations : mais comme ce secret vous appartient seul, nous lui avons répondu, le 20 du même mois, que nous ne pouvions le communiquer qu'à vous.

Depuis : nous avons appris, avec la plus vive douleur, que votre attention en a toujours été détournée adroitement par l'égoïsme et la malveillance, qui, sans doute, l'un et l'autre jaloux de votre gloire immortelle, seraient au désespoir d'y voir encore ajouter pour la postérité la plus éloignée le titre glorieux de *père nouricier* de tous les français, réduits journellement aux angoisses les plus affreuses de la famine, au sein même de l'abondance.

Oui! GÉNÉRAL : l'égoïsme et la malveillance ne voient qu'avec un nouveau déplaisir, que l'exécution de nos offres de la livre de pain, à deux sols, devient un moyen assuré de vous concilier à toujours l'amour des peuples, d'affermir votre autorité, de faire fleurir le commerce, de restaurer les finances, et de consolider à jamais le gouvernement.

POUR nous: nous estimant trop heureux de pouvoir concourir, en quelque chose, à votre gloire et à l'avantage du gouvernement; nous vous offrons avec empressement nos services pour l'opération de la livre de pain, à deux sols; à une condition seulement que nous vous prions de nous accorder : que nous ne serons chargés de son exécution, qu'autant de tems que notre présence sera absolument nécessaire pour la rendre perdurable, et qu'au surplus notre mission n'excédera pas le terme de trois ans (1). La célérité de l'exécution et les avantages immenses qui en découleront sans cesse, nous tiendront suffisamment lieu de récompense : notre but si desiré sera rempli!

AVANTAGES généraux de la livre de pain, à deux sols.

LE mode de l'opération de la livre de pain à deux sols, n'est point, à beaucoup près, celui tenu en l'an 4.

------

(1) Joseph employa sept ans à remplir les greniers publics du roi Pharaon. *Genes.* 41. *Fl. Jos. Antiq. Jud. tom. I.*

En voici le résultat.

1°. Notre opération sera sous la surveillance immédiate du gouvernement :

2°. Elle n'attaque ni les propriétaires, ni les fermiers, ni les cultivateurs.

3°. Elle fait rendre sur-le-champ à tous les boulangers leurs dépôts de quinze sacs de farines, dont les seuls transports, tous les mois, occasionnent une évaporation par sac, au moins, de cinq livres de la plus pure farine :

4°. Elle ravive le commerce :

5°. Elle encourage l'agriculture :

6°. Elle tarit sans retour les principales causes de l'épuisement continuel du trésor public :

7°. Elle double, au moins, le trésor public pour la partie des contributions foncières de l'agriculture, sans surcharger le contribuable d'un centime de plus:

8°. Elle conserve constamment l'abondance, même dans les années de stérilité, sans recourir, ni à des maximums, ni à des réquisitions, ni à faire venir des grains de l'étranger..... (Pas même de *Philadelphie* !)

LE secret de tous les avantages de l'opération de la livre de pain, à deux sols, appartient au Premier Consul.

GÉNÉRAL PREMIER CONSUL : Nous ne doutons pas qu'au seul récit de tant d'avantages si considérables, engendrés par la simple opération de la livre de pain, à deux sols, on ne se récrie : au charlatanisme! L'histoire ne nous apprend - elle pas qu'on traitait d'extravagance et de pure folie la promesse d'Archimèdes de donner à tous les hommes en particulier la faculté de mouvoir à volonté un poids de plus de dix mille pesant, par l'invention si naturelle du cric? De nos jours : si Louis XIV n'eût écouté que les savans, la machine de Marly était impraticable! N'a-t-on pas douté long-tems du succès de la pompe à feu?

EN vain encore : l'envie, pour tâcher de nous imposer silence, nous dirait-elle qu'il ne convient pas à de petits citoyens, tels que nous, de s'ingérer dans les affaires du gouvernement! nous lui répondrons avec cette noble fermeté qu'inspire, si naturellement à toute ame sensible et reconnaissante, un tendre et respectueux amour pour la personne auguste de BONAPARTE :

« LORSQUE le premier magistrat d'une nation

» puissante est investi d'une confiance méritée par
» de grandes actions à la guerre et par d'immenses
» travaux dans le cabinet, il ne perd pas le droit
» précieux de recueillir des renseignemens sur d'im-
» portantes parties de l'administration publique, au-
» delà du cercle de ses ministres et de son conseil :
» et les citoyens, qui, sans être usés, ont vieilli
» dans l'étude de l'économie politique, s'acquittent
» d'un devoir, lorsqu'ils fatiguent l'autorité pour s'en
» faire entendre.

« C'est le parti que nous avons pris : il est appuyé
» sur cette vérité, qui est incontestable dans un état
» libre : *Plus le chef, avoué d'un peuple, fait pour le bien*
» *commun ; plus aussi chaque membre de la famille doit*
» *s'empresser de lui porter le tribut de ses connaissances*
» *acquises pour la prospérité générale.*

« CETTE vérité est gravée dans le cœur des
» français qui ont voté le consulat à vie du général
» BONAPARTE : Elle est dans les nôtres.

« Nous avons, de plus qu'eux, l'avantage de lui
» offrir le moyen de multiplier les droits qu'il a à notre
» amour, et celui, sur-tout, de les affermir en sim-
» plifiant les rouages du méchanisme administratif. »

Telle est notre réponse à tous les envieux.

GÉNÉRAL : mettez-vous en garde contre la magie
de l'éloquence qui précipite tôt ou tard les empires

les plus florissans, et qui, de nos jours, en offre un exemple frappant! n'écoutez que votre magnanimité!

QUI peut nous faire paraître à vos yeux sous des couleurs défavorables, ne peut prononcer en connaissance de cause; car vous êtes le seul auquel nous voulons et nous devons nous ouvrir. En attendant ce moment si desiré d'avoir l'honneur d'en faire l'hommage à votre auguste personne, nous ne vous en disons pas moins avec toute la confiance possible, que tout ce que nous vous annonçons, s'accomplira littéralement et *au-delà* par notre opération de la livre de pain, à deux sols. Pour vous donner une légère idée de ses avantages, tant pour le gouvernement, que pour tous les habitans de la France, nous allons en développer quelques causes générales.

AVANTAGES de la livre de pain, à deux sols, pour le gouvernement.

EN deux mots : des greniers d'abondance sur tous les points capitaux de la république.

L'INVENTION des greniers publics, ou d'abondance, n'est point du tout une chose nouvelle. On en trouve des exemples merveilleux dans l'antiquité la plus reculée. L'Egypte, Rome, Sparte, Athènes, ect.... dans le tems de leur splendeur, ont toujours usé de cette sage prévoyance. En Amérique, lors de la conquête du Mexique par les Espagnols, Montézume en avait dans ses vastes états : on lit même que beaucoup de peuplades en ce nouvel hémisphère, quoique moins policées, en avaient également. Si, des êtres raisonnables, nous descendons aux animaux : l'abeille, la fourmi, le castor, etc., uniquement guidés par l'instinct de la nature, nous en donnent d'admirables leçons.

Or, la possibilité, ou, pour mieux dire, la facilité des greniers publics, devient encore plus praticable en France, où l'abondance de presque toutes sortes de grains est plus ou moins considérable en chaque département.

Rien n'empêche d'établir un magasin d'abondance, et même davantage, dans chaque chef-lieu de canton de tous les départemens. Il est peu de ces chefs-lieux de cantons, où il ne se trouve de vastes maisons nationales, propres à être converties à très-peu de frais en magasins. D'ailleurs, en supposant qu'il n'y eut point de maisons nationales convenables ; la dépense d'un tel édifice ne peut balancer les avantages et les les bénéfices incalculables qui en doivent résulter pour le gouvernement, tant en général, qu'en particulier.

Ce qui produit, et ce qui occasionnera toujours la cherté, plus ou moins progressive, de la denrée de première nécessité , est la crainte , constamment plus ou moins fondée , d'en manquer. Or, cette crainte cesserait bientôt, si l'on voyait des magasins d'abondance disséminés sur toute l'étendue de la république.

En tems de guerre, ou lors du passage des troupes, le gouvernement serait toujours assuré d'avoir à sa disposition des magasins abondamment pourvus dans toutes les parties de la France , sans jamais altérer l'abondance , sans fouler les citoyens , et sans être obligé , par des marchés onéreux, de recourir à des fournisseurs toujours plus ou moins avides ou ineptes.

Le gouvernement deviendra seul le maître d'opérer l'abondance à volonté.

Quand tous les besoins de l'intérieur seront suffisamment remplis ; l'exportation de l'excédant aura lieu pour le dehors: mais au profit seul du gouvernement. Il ne faut jamais perdre de vue, que, dans l'état actuel de la France, il est de la prudence que l'exportation des grains chez l'étranger ne se fasse, que par le gouvernement, et pour son compte seul. Jadis, Joseph, en Egypte, ne faisait l'exportation des grains de ces fertiles contrées, que pour le compte du roi Pharaon qui l'avait établi intendant en cette partie : par cette opération, il accrut considérablement les revenus de ce royaume, il réduisit presqu'à

rien

rien les impôts, et il enrichit tous les sujets: ainsi que le remarque Flavius Josephe, en ses Antiquités Judaïques, tom. 1.

CETTE exportation triplera, et au-delà, la dépense, par la grande facilité et l'économie que les puissances voisines, peu fertiles en grains, trouvent naturellement en s'approvisionnant en France.

COMMUNÉMENT, le terroir de la France, l'un portant l'autre, rapporte, chaque année, des grains en suffisance pour trois ans. Il ne faut que de l'ordre pour maintenir l'abondance : c'est delà, comme d'une source féconde, qu'elle découle constamment. *Ex ordine, copia.*

AVANTAGES de la livre de pain, à deux sols, pour tous les habitans de la France.

La livre de pain, à deux sols, ou à un prix modéré, loin d'apporter aucun préjudice aux propriétaires, agriculteurs et fermiers, devient aux uns et aux autres des plus avantageux, ainsi qu'à toutes les classes de la société.

PLUS le pain est cher, plus la main d'œuvre en tout genre devient cher, sans même aucune proportion avec le prix du pain; par la raison toute naturelle que l'ouvrier, ne vivant, pour ainsi dire, que

C

de pain, et par conséquent sans cesse inquiet de l'augmentation, plus ou moins progressive, de cette denrée de première nécessité, s'imagine toujours ne gagner jamais assez pour s'en procurer.

Ce fait est si sensible, que tous les agriculteurs et les fermiers sont les premiers aujourd'hui à gémir du haut prix du pain. Tous conviennent qu'autrefois ils gagnaient infiniment davantage, en ne vendant le septier de bled que vingt-quatre francs, qu'en le vendant maintenant cinquante francs. Ce raisonnement est facile à concevoir : ils achetent tout ce dont ils ont besoin, beaucoup plus cher que le prix de leurs grains : d'un autre côté, leurs journaliers triplent et quadruplent le prix de leurs journées, et très-souvent encore, devenus insolens par leur gain ; ou ils font la loi à leurs maîtres, ou ils les quittent sans raison dans le cours des travaux les plus pressants.

Les Manufacturiers et tous ceux qui employent des ouvriers, éprouvent les mêmes désagrémens.

Ce fléau, semblable à une maladie épidémique, s'étend sur toutes les classes de la société. Le propriétaire, le rentier, le riche même, soit que les uns et les autres craignent de manquer de pain, soit qu'ils se persuadent n'avoir jamais assez pour s'en procurer, osent à peine se donner le nécessaire, et encore moins faire travailler : ou s'ils le font, ce n'est que dans un extrême besoin , et toujours avec la plus grande parcimonie. Delà, un engorgement forcé qui entrave tout le commerce , tant général, que particulier.

Un autre fléau, encore plus redoutable pour toutes les classes de la société, notamment, pour la classe indigente : c'est qu'il est à craindre que le propriétaire de vastes domaines , égoïste ou paresseux , se contente de ne cultiver qu'une partie de ses terres dont il retire un si grand bénéfice par le prix excessif de ses grains, et qu'il ne laisse le surplus croître en bruyères : delà, nécessairement une famine réelle.

Ce n'est pas sur le produit de ses terres, que le cultivateur doit bénéficier le plus ; mais principalement sur sa basse - cour. Cette dernière industrie fertilise forcément ses champs, fait circuler par-tout l'abondance , et rend le commerce florissant dans toutes ses ramifications.

Une dernière vérité, incontestable : le prix modéré du pain réveille l'industrie de tous les citoyens, multiplie les ventes et les échanges, facilite le paiement des contributions, et fait chérir le gouvernement. Plus les particuliers sont dans l'abondance, plus l'état est réellt riche : c'est alors que l'on peut dire que le trésor public devient inépuisable. Henri IV en était tellement convaincu, que son plus ardent desir était que tous ses sujets, jusqu'au dernier paysan, mangeassent la poule au pot; aussi disait-il avec enthousiasme à un embassadeur d'Espagne : « *Ventre-saint-gris*, la France me vaut tout ce que je veux!»

L'ÉGOÏSME et la malveillance, dont la langue perfide est toujours sourdement acérée contre l'état et le bien public, ne manqueront pas de dire : si le gouvernement concourt à baisser le prix du pain, les propriétaires et les fermiers vont être ruinés de fond en comble, au point qu'ils ne pourront pas même payer leurs contributions, toujours relatives à la valeur actuelle des denrées, ou au prix des baux. —L'intérêt particulier doit-il balancer pour un instant l'intérêt général? Certainement, en France, il n'y a guères qu'un trentième de grands propriétaires et cultivateurs : on y compte environ trente millions d'individus; donc voilà vingt-neuf millions à qui on rend l'existence plus douce, et peut-être, hélas! à beaucoup, la vie? Jusqu'à ce jour, ce *trentième* de grands propriétaires et leurs fermiers ne se sont-ils pas déjà trop engraissés des larmes et de la misère de leurs pauvres concitoyens? N'est-il pas de votre bonté paternelle, généreux BONAPARTE, de donner à manger à tous vos enfans? PREMIER CONSUL, *Ange tutélaire*(*) envoyé du ciel pour sauver les déplorables

---

(*) Vid. Prophet. Sanct. Cæsarii, lib. mirab. *Inter alia ibi dicitur*......... Et interficiet (*id est dissipabit*) filios Bruti : ...

restes de la France désolée! Rappellez ces vampires propriétaires et cultivateurs aux principes primitifs de la nature! dites-leur qu'ils ne sont que les premiers usufruitiers de leurs domaines! ajoutez-leur encore avec votre énergie ordinaire, ce que disait aux Israëlites, Moïse, ce sage législateur : *Riches, soyez sensibles à la misère du pauvre : souvenez-vous, tous les jours de votre vie, qu'il est votre frère : laissez-le du moins glaner dans vos champs : le seigneur vous demandera compte de son désespoir !*

L'OPÉRATION de la livre de pain, à deux sols, ne coûtera rien au gouvernement : au contraire, elle empêchera des sommes immenses de sortir, tous les ans, du trésor public.

GÉNÉRAL: pour rendre encore plus avantageuses nos offres de la livre de pain, à deux sols; nous ne demandons point d'argent au gouvernement pour cette opération : au contraire, nous améliorons le trésor public, et nous déchargeons en même-tems les ministres de la partie la plus pénible de leur ministère.

EN finances, il est de principe incontestable que toutes les dépenses journalières et indispensables doivent être particulièrement surveillées , comme l'observe judicieusement Sully, cet habile ministre des finances, sous Henry IV; afin qu'elles ne dérangent point l'équilibre parfait qui doit constamment régner entre la recette et la dépense. Aussi par le bel ordre de ce prudent économe, trouva-t-on dans le trésor public, après la mort de Henry IV, plus de trente millions numéraire sans aucune dette, malgré toutes les déprédations et les guerres de la ligue pendant près de trente ans ! Cette somme, très - considérable pour le tems, fut dissipée, à défaut d'ordre, en moins de six mois, après la sortie de Sully du ministère, outre des dettes énormes dont la France se ressent encore de nos jours.

CETTE surveillance active ne peut avoir régulièrement lieu, que par un seul individu, probe , intelligent et responsable sur sa tête de toutes ses opérations envers le gouvernement, et correspondant habituellement avec le ministre des finances, pour s'assurer de la possibilité, tant des payemens, que du jour de leur échéance. Autrement, un ministre des finances n'est guères qu'un dépositaire commun, où chacun croit avoir le droit d'aller puiser à volonté. Delà , un engorgement forcé qui paralyse toute la machine politique.

CES principes, certains : l'on ne peut disconvenir que les subsistances et les équipemens des troupes, hospices, hôpitaux, prisons , etc. ne soyent des dépenses journalières et indispensables qui doivent fixer l'attention la plus sérieuse du gouvernement.

CEPENDANT, l'on voit les ministres de la guerre, de

la marine et de l'intérieur, réunir, avec leurs grandes
occupations ordinaires, le pénible soin des achats des
subsistances et autres approvisionnemens nécessaires
pour le service de leur ministère, et être, en outre,
obligés d'entrer dans tous les détails les plus minu-
tieux de cette partie d'administration si étendue.

Dela : deux malheurs inévitables. Le premier : que
les ministres sont contraints de s'en rapporter à des
êtres presque toujours cupides, ignorant souvent les
premiers élémens de l'ordre tant nécessaire dans les
fournitures : de sorte que cette partie administrative
si intéressante se fait sans économie, ou, pour mieux
dire, avec une prodigalité effrayante pour le trésor
public.

Le second : que les agens de ces trois ministres
parcourent, en même tems, le même département,
le même canton, la même municipalité, pour acheter
les mêmes denrées à des prix tout différents : et, par
une autre mésintelligence, non moins funeste à la
classe indigente, se surenchérir à l'envi.

Dela, nécessairement, naît la source intarissable
des calamités publiques, c'est-à-dire, cette progres-
sion excessive et indéfinie de toutes les denrées, notamment, de la denrée de première nécessité : ce qui
porte l'allarme et souvent le désespoir dans l'âme de
tous les citoyens.

Rien n'est donc plus urgent que de remédier à des

abus aussi monstrueux , dont les conséquences ne peuvent manquer d'entraîner tôt ou tard des effets très-funestes pour le gouvernement.

POUR en arrêter le cours , il serait donc à propos de créer un provéditeur général, ou grand préposé aux achats de toutes espèces pour le service de la république, tant civil, que militaire : ce provéditeur serait sous les ordres et sous la surveillance immédiate du gouvernement.

1°. Ce Provéditeur - général serait seul chargé de tous les achats généralement quelconques.

2°. Tous ses marchés seraient faits publiquement au rabais et à l'extinction des feux : sauf les cas extraordinaires, dûment motivés.

3°. Ses marchés seraient ensuite présentés au ministre des finances, et visés par ce dernier dans les vingt-quatre heures de la date de leur passation.

4°. Ce Provéditeur-général veillerait à ce que tous les magasins fussent suffisamment pourvus.

5°. Il fournirait à tous les besoins des ministres : toutefois, d'après leurs demandes visées par le gouvernement : sauf les cas extraordinaires, dûment motivés.

6°. Il lui serait donné deux adjoints, en présence desquels, ou de l'un d'eux, ou eux dûment appellés, tous ses marchés seraient passés.

7°. Les

7°. Les émolumens et honoraires de ce provéditeur, ainsi que tous les frais de bureaux et d'administration, ne seraient point à la charge du gouvernement. Pour y subvenir, il serait prélevé.......... pour franc, du montant de chaque marché, payable par le soumissionnaire, lors de son marché, sans aucune augmentation ni diminution du prix d'icelui même de répétition, en cas d'inexécution.

D'APRÈS ce faible apperçu: un provéditeur général, ou grand préposé aux achats, considéré sous tous les rapports possibles, devient, non-seulement, très-nécessaire au gouvernement, mais encore, très-avantageux pour toutes les classes des citoyens. La partie des achats, ainsi centralisée, procure annuellement au trésor public la plus grande économie, qui vous met à même, PREMIER CONSUL, de remplir complettement toutes vos vues de bienfaisance paternelle, de diminuer les impôts, et de payer toutes les dettes de l'état en numéraire, au lieu de ce papier dérisoire qui annonce aux étrangers une banqueroute en permanence. D'un autre côté: le travail des ministres se trouve de beaucoup allégé. Aussi nous ne doutons pas que les ministres, zélés pour le bien public, ne soient les premiers à vous en faire sentir toute l'importance ; autrement, ils feraient soupçonner qu'ils ne sont animés, que d'un vil intérêt dans les fonctions honorables de leur ministère.

D

QUELLEQUE laborieuse et délicate que soit cette partie des achats, nous consentons cependant volontiers de nous en charger, autant, au reste, pour simplifier de plus en plus notre opération de la livre de pain, à deux sols, que pour subvenir à toutes nos dépenses générales et particulières, sans en surcharger le trésor public : mais toujours à la condition expresse que nous avons déjà demandée, que le tems de notre mission pour cette seconde opération, ainsi que pour la première, n'outre-passera pas trois ans. Ce tems nous suffit pour tracer les lignes invariables de démarcation propres à éclairer le gouvernement sur tous ceux qui nous succèderont dans ces parties spéculatives, écueil si dangereux pour l'homme probe, qui, comme Caton, doit oublier tout intérêt personnel, pour ne s'occuper que du bien public.

MODE des pouvoirs demandés pour l'opération de la livre de pain, à deux sols.

GÉNÉRAL PREMIER CONSUL : D'après tout ce que nous venons avoir l'honneur de vous représenter nous n'avons donc besoin pour le succès de notre opération de la livre de pain, à deux sols, dans toute l'étendue de la france, qu'un simple arrêté émané de votre autorité suprême. Comme nous savons parfaitement que votre sollicitude paternelle pour le bonheur de tous les français, et vos grandes occupations ordinaires, multipliées à l'infini, ne vous laissent pas un seul moment libre : permettez - nous, en enfans tendres, soumis et respectueux, d'avoir le doux plaisir de décharger notre bon père de la patrie de cette petite partie de travail, et de lui présenter le mode de cet arrêté ; tel que nous le croyons nécessaire pour remplir ses vues de bienfaisance.

» BONAPARTE, par la grâce de dieu, et le vœu du peuple français (*), Premier Consul à vie de la République de France : à tous les français, salut : Etant informé de la cherté progressive du pain, qui porte l'allarme et la consternation dans toutes les classes de la société, notamment, dans la classe indigente, infiniment précieuse et essentielle à l'Etat par son travail et son industrie : et désirant mettre fin, autant qu'il est en lui, à cette cherté excessive, qui, dans l'abondance de cette année et des années précédentes, ne peut procéder, que de l'égoïsme et de la malveillance ; et assurer l'abondance à perpétuité par toute la France : a arrêté et arrête ce qui suit :

ARTICLE PREMIER.

Il est créé un provéditeur général pour tous les bleds froments, grains farineux généralement quelconques et farines de toutes espèces, dans toute l'étendue de la République de France.

---

* *Vox populi*, *vox dei*. Lib. 1. Reg.

I I.

Le provéditeur général est autorisé à faire cons-
truire tous les magasins nécessaires, partout où besoin
est, de la manière et en aussi grand nombre qu'il
juge convenable. En conséquence, les préfèts et sous-
préfèts de tous les départemens sont autorisés, et,
en tant que de besoin, il leur est enjoint de lui prêter
aide et assistance pour lui faciliter, au profit du
gouvernement, l'abandon et la concession de tous
terreins propres à la formation, ou construction desdits
magasins, soit de maisons nationales, soit de tous
autres bâtimens; ensemble, pour la tenue des bureaux d'administration qui sont placés, autant que
faire se peut, dans lesdits magasins.

I I I.

IL fait remplir les magasins de la manière qu'il
avise être la plus avantageuse pour le gouvernement,
sans employer ni la force, ni la contrainte, ni aucune
voie réquisitionnaire : il donne en conséquence tous
les ordres nécessaires.

I V.

IL est tenu d'empêcher tout magasin particulier
et exportation chez l'étranger, sinon, de son consentement et par écrit. Sont exceptés les magasins pro-
venans des récoltes de l'année des propriétaires de
domaines ruraux, des fermiers et des cultivateurs.

V.

Il est chargé seul des achats et emmagasinemens de toutes les subsistances et autres approvisionnemens généralement quelconques, tant pour le service civil, que pour le service militaire et tout autre.

V I.

Tous ses marchés sont faits publiquement et à l'extinction des feux, (sauf les cas extraordinaires, dûment motivés) en présence de ses adjoints, ou eux appellés. Ses marchés sont ensuite présentés au ministre des finances, pour être visés de lui dans les vingt-quatre-heures de leur passation.

V I I.

Il fournit à tous les besoins nécessaires au service de chaque ministre, toutefois, d'après leurs demandes visées par le gouvernement : sauf les cas extraordinaires, dûment motivés.

V I I I.

Il est spécialement tenu de veiller à ce que tous les magasins pour le service de la république, soient suffisamment pourvus : et il n'en pourra rien vendre, soit chez l'étranger, ou autrement, sans le consentement exprès et par écrit du gouvernement.

I X.

Il nomme à toutes les places et emplois de son

administration, en conséquence il demeure autorisé à
en exiger tout cautionnement convenable.

X.

IL fait lui - même tous les réglemens et statuts
relatifs à son administration, crée toutes les places
nécessaires, arrête les appointemens et honoraires
attachés à chacune, et règle tous les autres frais de
régie.

X I.

LES traitemens et honoraires du Provéditeur-
général, ensemble, de tous ses employés, ainsi que
tous les frais de bureaux et d'administration, ne sont
point à la charge du trésor public. Mais pour y subvenir, le Providéteur-général est autorisé à prélever
et retenir, entre ses mains . . . . pour franc,
du montant de chaque marché, payable par le soumissionnaire, lors de son marché, sans aucune augmentation ni diminutiou du prix d'icelui, même de
répétition, en cas d'inexécution.

X I L.

LE Provéditeur-général ne doit aucun compte de
son administration qu'au gouvernement ; pourquoi
il est spécialement sous ses ordres et sous sa surveillance immédiate.

X I I I.

LES citoyens . . . .
sont conjointement nommés Provéditeurs-généraux,
provisoirement pour trois ans.

X I V.

LE citoyen. . . . .
conseiller d'état, est nommé pour rendre compte
au gouvernement des opérations desdits citoyens . .
. . . . sans toutefois pouvoir les suspendre,
ou en arrêter l'exécution.

X V.

LE présent arrêté sera envoyé dans les vingt-quatre
heures aux ministres de l'intérieur et des finances;
et, en tant que de besoin, à toutes les autorités cons-
tituées, pour, en ce qui les concerne, le faire exé-
cuter, le plus promptement possible, selon sa forme
et teneur.

CAR tel est LE BON DESIR du Premier Consul.
Donné au Palais du gouvernement, l'an de grâce
mil huit cent deux, le . . . . de l'ère de la
république de France, le onzième: et du consulat
de BONAPARTE, le quatrième. *Signé* BONAPARTE.

SCELLÉ du sceau de la   *PAR le premier Consul*
République de France.

R É S U M É.

GÉNÉRAL, PREMIER CONSUL : la sage conduite de votre gouvernement atteste à tout l'univers, que, vous, moderne Salomon, réunissez au plus haut degré toutes les lumières supérieures pour réparer les malheurs de la France, et assurer son bonheur. Déjà, comme un autre Charlemagne, vous êtes devenu le pacificateur de l'église et de l'Europe. Si nous osons vous exprimer nos vues sur notre manière de voir pour ramener l'abondance ; les motifs de notre témérité prennent toute leur force dans l'excès de notre amour pour votre personne. Nous nous disons sans cesse : après tant de travaux glorieux, notre brave général, notre premier consul, l'immortel *Bonaparte* ne peut être véritablement heureux sur terre, qu'en faisant aux Français tout le bien qu'il peut leur faire.

C'EST donc un devoir pour nous, après avoir voté votre consulat à vie, de vous fournir les moyens d'en alléger le fardeau, en simplifiant les mouvemens des ministres, et en mettant dans votre main tous les ressorts du méchanisme administratif.

IL y a peu d'hommes en France, à qui nous eussions voulu donner nos idées. La probité, l'honneur vous font le premier des administrateurs, comme votre bravoure et votre génie militaire vous ont fait le premier des guerriers.

NOUS

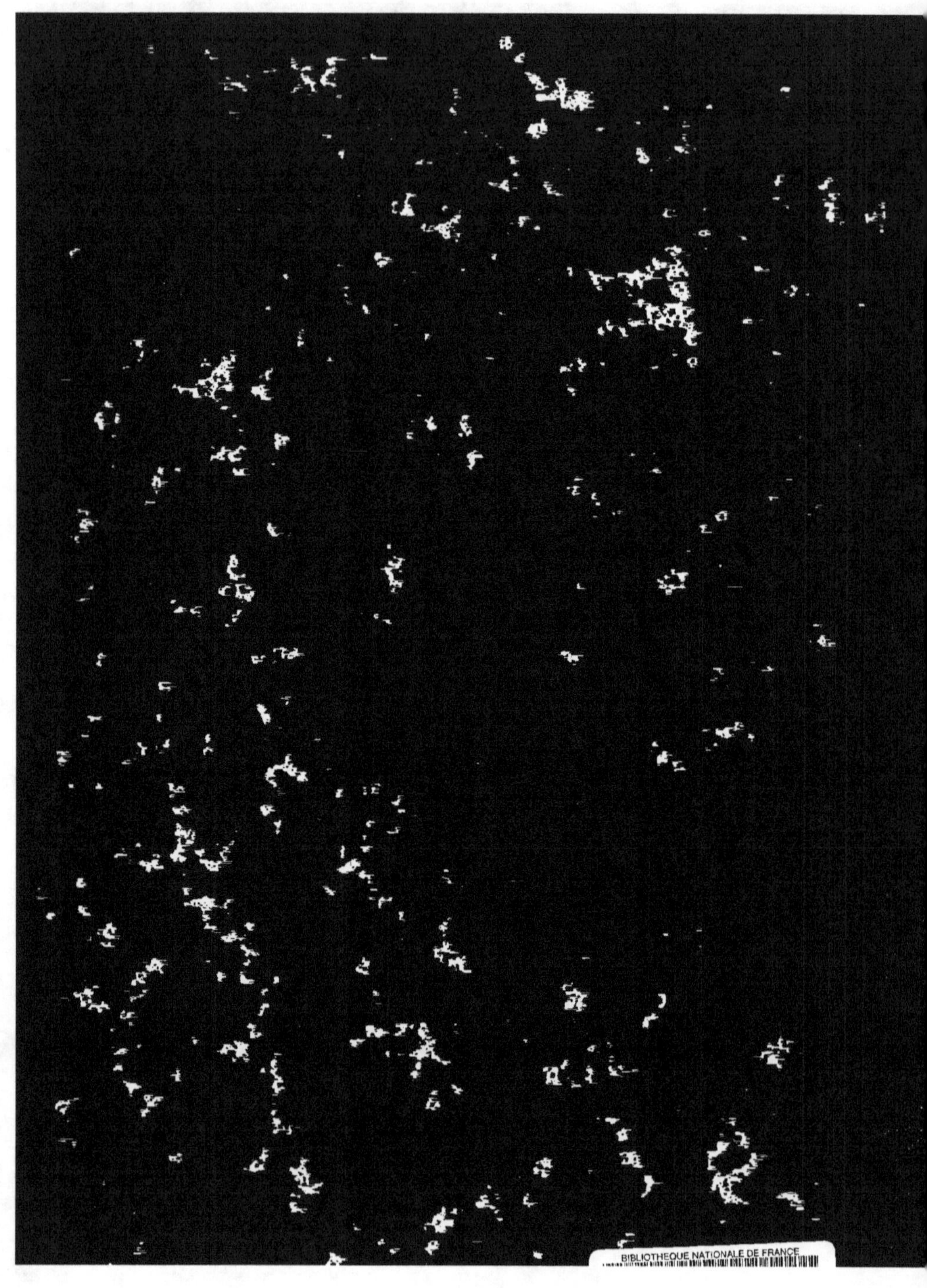

www.ingramcontent.com/pod-product-compliance
Lightning Source LLC
Chambersburg PA
CBHW061336050726
47595CB00005B/1952